VENTE PAR SUITE DE DÉCÈS

HOTEL DROUOT, SALLE N° 3

Les Vendredi 22 et Samedi 23 Mai 1885

MEUBLES ANCIENS

et Bronzes des époques Louis XV et Louis XVI

TABLEAUX & DESSINS

DE L'ÉCOLE FRANÇAISE

DIAMANTS, BIJOUX, ARGENTERIE

MOBILIER COURANT

EXPOSITION PUBLIQUE

LE JEUDI 21 MAI 1885

DE 1 HEURE A 5 HEURES

COMMISSAIRES-PRISEURS :

Me GAUTHIER	Me P. CHEVALLIER
21, rue d'Antin, 21.	10, rue de la Grange-Batelière, 10.

EXPERTS :

Pour les objets d'art et tableaux	Pour les livres
M. B. LASQUIN	**M. MARTIN**
12, rue Laffitte. 12.	18, rue Séguier, 18.

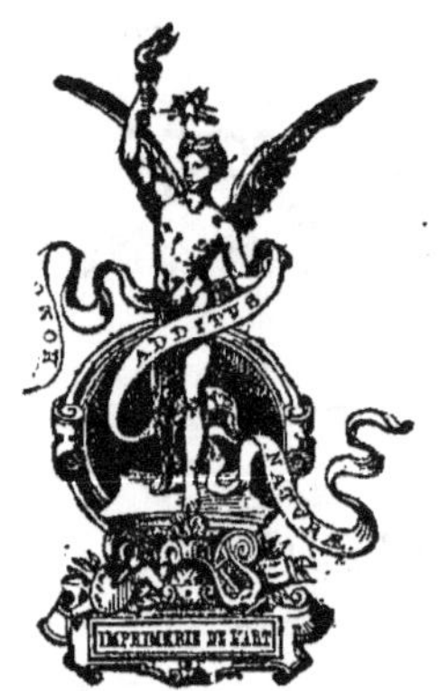
PRO
ADDITIS
IMPRIMERIE DE L'ART

CATALOGUE

DE

MEUBLES ANCIENS

Secrétaires, Commodes
Bibliothèques et Sièges Louis XV et Louis XVI
Bronzes d'ameublement, Porcelaines anciennes

TABLEAUX — DESSINS

Parmi lesquels trois œuvres de Prud'hon

GRAVURES — LIVRES

DIAMANTS & BIJOUX

Argenterie ancienne et moderne

MOBILIER COURANT — PIANO A QUEUE DE PLEYEL

Literie, Tapis, Rideaux, Linge

DONT LA VENTE AURA LIEU PAR SUITE DE DÉCÈS

HOTEL DROUOT, SALLE N° 3

Les Vendredi 22 et Samedi 23 Mai 1885

A 2 HEURES

COMMISSAIRES - PRISEURS

Mᵉ GAUTHIER | **Mᵉ P. CHEVALLIER**
21, rue d'Antin, 21 | 10, rue de la Grange-Batelière, 10

EXPERTS

Pour les tableaux et objets d'art | *Pour les livres*
M. B. LASQUIN | **M. MARTIN**
12, rue Laffitte, 12 | 18, rue Séguier, 18

EXPOSITION PUBLIQUE

Le Jeudi 21 Mai 1885, de une heure à cinq heures.

CONDITIONS DE LA VENTE

Elle sera faite au comptant.

Les acquéreurs payeront en sus des enchères *cinq pour cent*, applicables aux frais.

L'exposition mettant le public à même de se rendre compte de l'état des objets, il ne sera admis aucune réclamation une fois l'adjudication prononcée.

Paris. — Imp. de l'Art. E. Ménard et J. Augry
41, rue de la Victoire, 41

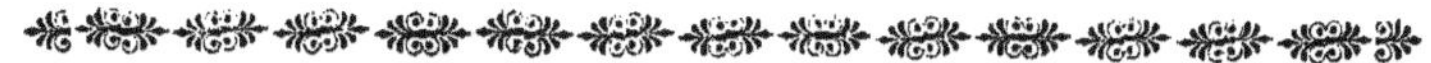

DÉSIGNATION DES OBJETS

TABLEAUX & DESSINS

1 — **Prud'hon** (P. P.). Baigneuse assise au bord d'une source, à l'ombre d'un arbre et près d'une statue de sphinx couché.

Tableau signé au bas à gauche : *Prudon fecit* 1780.

2 — **Prud'hon** (P. P.). L'Heureuse Famille.
Sujet de cinq figures dans un intérieur.
Dessin à la plume.

3 — **Prud'hon** (P. P.). Miniature ovale sur ivoire.
Portrait de femme, la tête entourée d'une fanchon.

4 — École française (xviiie siècle). Portrait de Mlle Luzy, actrice de la Comédie-Française, représentée jouant le rôle d'Aménaïde, dans la tragédie de *Tancrède*.

5 — École française. (xviiie siècle). L'Oiseau envolé.

Petit tableau sur bois de forme ovale, dans un cadre Louis XVI en bois sculpté et doré.

6 — École française (xviiie siècle). Portrait de femme.

Elle est assise et tient un cahier de musique.

7 — École française (xviiie siècle). Deux portraits de femmes.

8 — Haudebourt-Lescot (D'après Mme). La Mercière.

9 — M lenaer (Genre de). Scène d'intérieur flamand.

10 — Noël. Entrées de ports.
Deux pendants. Gouaches.

11 — **Van den Berghe.** Napolitaines.

12 — **Van den Berghe.** Moine sur une terrasse.

13 — **Van den Berghe.** Terrasse sur le golfe de Naples.

14 — **Van den Berghe.** Pêcheurs sous une arcade au bord de la mer.

15 — **Van den Berghe.** Le Départ du pêcheur napolitain.

16 — **École italienne.** La Vierge et l'Enfant Jésus.

17 — Quatre gouaches à vues de villes de la Suisse.

18 — Aquarelles.

19 — Gravures.
Gravure de Müller, d'après Raphael : La Madone de Saint-Sixte.

MEUBLES LOUIS XV & LOUIS XVI

20 — Beau secrétaire du temps de Louis XVI, en marqueterie de bois, d'ivoire et de nacre, finement exécutée, garni de moulures et de rosaces en bronze doré.

L'abattant représente deux couples galants dans une cour dallée avec temple de l'Amour au fond.

Le bas ouvrant à deux portes est décoré d'une vue d'un port de mer.

Une frise de rinceaux couvre la partie supérieure.

Les angles coupés sont ornés de chutes de fleurs et les côtés de deux trophées d'attributs de musique.

L'intérieur du meuble est également décoré de sujets et de trophées exécutés en marqueterie.

Dessus de marbre bleu turquin.

21 — Jolie commode Louis XV à deux rangs de tiroirs sur pieds élevés à contours en marqueterie de bois de rose, à trophées de musique sur la face et les côtés, garnie de bronzes et à dessus de marbre.

22 — Secrétaire Louis XV de même travail que
la commode qui précède, également décoré de
trophées de musique en marqueterie.

23 — Secrétaire Louis XVI en bois satiné à filets
de cuivre et garni de bronzes, dessus de
marbre.

24 — Petite armoire Louis XV de forme étroite,
en bois satiné, garnie de sabots en bronze et
«d'un dessus de marbre.

25 — Petite table de nuit Louis XV, en acajou, à
moulures de cuivre, dessus de marbre.

26 — Chiffonnier Louis XVI à sept tiroirs, en
acajou, garni de poignées de cuivre.

27 — Petit meuble Louis XVI à deux corps, le
haut vitré, en bois d'acajou à cannelures, garni de moulures de bronze.

28 — Table de nuit Louis XV, en bois de rose,
avec pieds contournés et dessus de marbre
blanc.

29 — Bibliothèque Louis XV, en bois de rose à filets ; elle ouvre à quatre portes, dont deux vitrées à la partie supérieure.

30 — Deux petits buffets vitrés du temps de Louis XVI, en bois d'acajou, à dessus de marbre blanc.

31 — Petit guéridon Louis XVI, en bois de rose, à dessus de marbre et à galerie de cuivre.

32 — Petit bureau Louis XVI à cylindre et casier en acajou, marqueté à fleurs et filets.

33 — Lit de repos du temps de Louis XVI, à colonnettes cannelées, peint en blanc et garni de cretonne,

34 — Deux bergères Louis XVI, en bois sculpté à feuilles d'eau et rubans, peintes en blanc et garnies de cretonne.

35 — Six fauteuils et cinq chaises Louis XV et Louis XVI, en bois peint en blanc, garnis de cretonne.

BRONZES, PORCELAINES, OBJETS VARIÉS

36 — Deux jolies appliques Louis XVI à deux lumières, en bronze ciselé et doré, modèle à tige cannelée, ornée de feuilles d'acanthe et surmontée d'un brûle parfums au-dessous duquel viennent se rattacher deux branches porte-lumières.

37 — Deux jolies appliques Louis XV, en bronze ciselé.

38 — Pendule Louis XVI en bronze doré et marbre blanc ; le cadran, au nom de *Autray à Paris*, est supporté par deux gaines en marbre noir et surmonté d'une lyre en bronze.

39 — Deux petits flambeaux-cassolettes du temps de Louis XVI, en bronze doré, tige cannelée, à trois consoles détachées reposant sur la base.

40 — Pendule en marbre griotte surmontée d'une figure de Diane chasseresse en bronze.

41 — Deux flambeaux d'un joli modèle Louis XVI en bronze ciselé et doré.

42 — Deux candélabres à six lumières du temps de l'Empire, à figures de femmes ailées en bronze vert.

43 — Lustre du temps de l'Empire, en bronze doré garni de cristaux.

44 — Deux paires de flambeaux Louis XV en cuivre argenté.

45 — Pendule en bronze doré du temps de la Restauration, surmontée d'un groupe enfant bacchant et un bouc.

46 — Deux candélabres du temps de l'Empire, à quatre lumières supportées par des figures d'enfants en bronze vert.

47 — Deux flambeaux de même style.

48 — Deux verrières en tôle vernie, décorées de fleurs sur fond vert.

49 — Carafon et petit sucrier en ancien verre de Bohême.

50 — Deux coupes en porcelaine du Japon, à
décor bleu, rouge et or, montées en bronze.

51 — Deux lampes en faïence de Delft, à décor
bleu.

52 — Bouteille en vieux Chine, à fleurs en émaux
de couleurs.

53 — Coupe en porcelaine moderne du Japon,
montée en bronze.

54 — Potiche en porcelaine du Japon, à décor
bleu, rouge et or.

55 — Porcelaines : assiettes en porcelaine de la
Chine et du Japon.
Tasses et soucoupes en porcelaine de
Sèvres, pâte dure.

56 — Jolie boîte armoriée, époque Louis XV, en
laque, avec jetons également armoriés.

MOBILIER

57 — Piano à queue de Pleyel, en bois d'acajou.

58 — Meubles de salon, de salle à manger et de chambre à coucher en bois d'acajou.

59 — Tapis de Smyrne.

60 — Rideaux.

61 — Literie.

DIAMANTS ET BIJOUX

62 — Rivière composée de cinquante-trois chatons en vieux diamant, montés sur or et argent.

63 — Deux boutons d'oreilles en brillants avec deux pendants.

64 — Papillon en brillants, monté sur or et argent.

65 — Épingle en or, avec turquoise entourée de
brillants.

66 — Deux bracelets en or, l'un orné d'une rose.

67 — Une chaîne de ceinture avec crochet et une
montre à cylindre, à cuvette en or et cadran
en argent.

68 — Cinq têtes d'épingles à cheveux en or,
argent et brillants.

69 — Bracelet en or émaillé, monté de cinq
brillants.

70 — Une chaîne de col, une chaîne de gilet,
une clef, un binocle, deux cachets or et
argent.

71 — Un porte-mine, un passe-lacet, une bague,
un médaillon; un collier en corail, monté
en or.

72 — Une montre ancienne et une clef en or.

73 — Tabatière en or ciselé.

74 — Deux boucles, une tabatière en argent, une broche, camée, coquille montée en or, trois boîtes avec grisailles montées en bas or et argent doré.

75 — Bonbonnière ronde du temps de Louis XVI, en ivoire, cerclée d'or.

ARGENTERIE

76 — Deux légumiers avec couvercles.

77 — Plat creux.

78 — Un sucrier, un moutardier, quatre salières.

79 — Deux huiliers.

80 — Couverts en argent.

81 — Deux cafetières.

82 — Un poêlon et une timbale.

83 — Truelle à poisson.

84 — Cuiller à punch.

85 — Deux salières.

86 — Dix-huit fourchettes à huitres.

87 — Deux couteaux anciens à manches de nacre, garnis en argent doré, dans leur étui en galuchat.

88 — Trente-six couteaux de table à manche d'ivoire, dix-huit couteaux à dessert à manche de nacre et lame d'argent, six couteaux à manche noir, garnis argent.

89 — PLAQUÉ. — Vaisselle, verrerie.

90 — LIVRES.